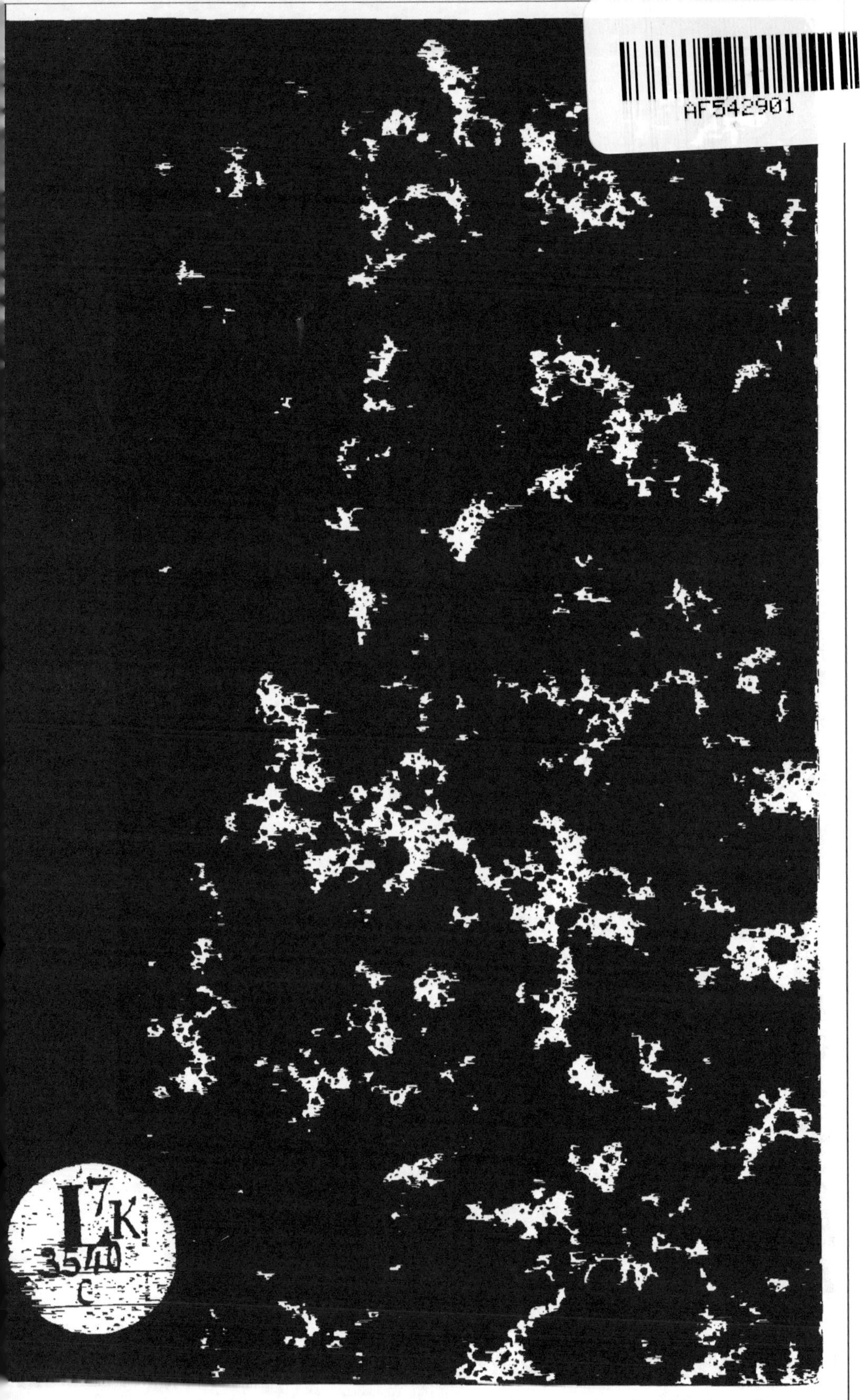

In-12 5e Série

Notre-Dame de la Salette.

MON

PÈLERINAGE

A LA SALETTE

PAR MAXIME DE MONTROND.

Cinquième édition.

Salve, Regina, mater misericordiæ,
. . . . et spes nostra, salve...

PARIS
RUE DES SAINTS-PÈRES, 30.
LILLE
L. LEFORT, IMPRIMEUR, LIBRAIRE, ÉDITEUR
M D CCC LXIV

1864

Extrait d'une Lettre
de Monseigneur l'Evêque de Grenoble
à l'auteur de cet ouvrage.

. . . . . . J'ai lu votre PÉLERINAGE A LA SALETTE, et je n'y ai rien trouvé qui ne soit très-fondé et édifiant.

Grenoble, 6 décembre 1855. † M. A ÉV. DE GRENOBLE.

A Marie,

Vierge immaculée,

Mère de miséricorde,

Gloire et amour!

INTRODUCTION

Je ne viens point discuter sur un fait merveilleux dont la renommée est parvenue aujourd'hui dans tout le monde chrétien. Aussi bien le temps de la discussion et des preuves semble-t-il désormais passé. Que pourrions-nous ajouter encore? Plusieurs années écoulées, durant lesquelles rien n'a été négligé par l'autorité ecclésiastique pour s'enquérir de ce fait, ne lui donnent-elles pas déjà une sorte de consécration ?...

Quand, après ce laps de temps, un jugement doctrinal de l'évêque diocésain nous dit : *Ce fait présente tous les caractères d'authenticité qu'on peut désirer;* lorsque la voix solennelle du souverain pontife a parlé, pour accorder des indulgences, pour établir une fête annuelle; lorsque plusieurs évêques ont permis qu'on bâtît des églises dans leurs diocèses sous le vocable de *Notre-Dame de la Salette*[1], lorsque, enfin, des guérisons miraculeuses qu'on ne saurait en aucune manière révoquer en doute, ont récompensé la foi d'une multitude de pèlerins; que reste-t-il à faire désormais ne serait-il pas superflu de discuter encore froidement sur la possibilité ou la réalité du fait dont nous parlons? De nouvelles preuves satisferaient-elles ceux qui ont pris le parti de nier tout miracle survenu de nos jours? — Elles ne changeraient point non plus les pensées de ceux qui, sans vouloir rien lire, rien examiner, se bornent à dire : *C'est possible; tout est possible à Dieu...* Je connais beaucoup de bonnes âmes de ce genre. Un jeune aveugle, m'a-t-on raconté, fut amené

[1] Dans les diocèses de Quimper (France), de Gand (Belgique), à Birmingham (Angleterre), etc., etc.

un jour sur la montagne de la Salette pour y implorer sa guérison. Quand il partit de son pays, un de ses voisins lui dit : « Oh ! pour le coup, mon cher, si vous revenez clairvoyant, je vous promets de croire à *la Salette.* » L'aveugle revint voyant clair. « Eh bien, demandai-je au bon père qui me faisait ce récit, le voisin se convertit sans doute ? — Point du tout, me répondit-il. — *Oh ! le vilain !...* » s'écria dans son dépit une jeune pèlerine qui, près de nous, avait écouté aussi cette histoire. L'épithète ne me parut pas trop forte, je l'avoue. Que penser de gens si rebelles à croire ? Ce voisin était pourtant un bon chrétien, assure-t-on : il se contenta de dire : « Après tout, la sainte Vierge peut bien faire un miracle sans être pour cela apparue sur la montagne de la Salette. »

Quant à ces pieux fidèles, à ces troupes de pèlerins que nous avons vus réunis sur ce mont naguère solitaire, aujourd'hui si fréquenté, qu'est-il besoin de leur prouver encore la vérité d'un prodige dont ils ne doutent point ? — Leur foi simple, naïve, leur confiance pleine et entière en la miséricordieuse tendresse de Marie envers les hommes, le leur fait croire sans peine et sans efforts. Nous l'avons admirée, cette foi, cette confiance ; et ce touchant spectacle n'a pas peu contribué à fortifier dans notre cœur une conviction qu'une étude sérieuse, approfondie des faits y avait déjà apportée. Je le déclare donc franchement et en toute sincérité : je crois à l'apparition de la sainte Vierge sur la montagne de la Salette. J'y crois, non de cette foi qui est due à un dogme divinement révélé, mais avec le souverain pontife, avec les princes de l'Eglise, avec un grand nombre de pieux et savants personnages, avec ces milliers de pèlerins, enfin, qui, de tous les points de France ou d'autres contrées, se rendent sur ce mont des Alpes; je crois à cette apparition merveilleuse comme à un fait historique suffisamment démontré [1]. Et ma foi dans ce prodige n'est point un lourd fardeau; c'est au contraire comme une brise légère, parfumée, qui rafraîchit nos membres fatigués. La *Mère de grâce* dans notre voisinage!... Eh quoi! n'est-ce donc pas là une pensée délicieuse qui allége le poids de nos misères, et nous donne des ailes pour nous rapprocher du ciel, d'où cette divine messagère a bien voulu descendre un instant ici-bas pour nous manifester les trésors de sa maternelle tendresse?

Le bon et naïf saint François de Sales disait de son temps: « La charité croit volontiers toutes choses, mais surtout quand ce sont des choses qui exaltent et magnifient l'amour de Dieu envers les hommes [2]. » Il aurait pu ajouter: quand ce sont choses également qui magnifient l'amour de Marie, notre Mère, envers ses enfants. Mais l'affaiblissement de la charité dans les cœurs fait qu'aujourd'hui on se tient en garde contre les merveilles de cet amour incompréhensible. Bossuet disait déjà de son

[1] Un prêtre éminent, aujourd'hui évêque d'Orléans, et membre de l'Académie française, terminait ainsi: *il y a six années*, le récit d'un pèlerinage à la Salette, et d'un long entretien avec le jeune Maximin, dont il s'était efforcé vainement, par tous les moyens possibles, de surprendre le *secret*.

« ..... Si j'étais obligé de me prononcer et de dire *oui* ou *non* sur cette révélation, je dirais *oui* plutôt que *non*. La prudence humaine et chrétienne me ferait dire *oui* plutôt que *non*, et je ne croirais pas avoir à craindre d'être condamné au jugement de Dieu comme coupable d'imprudence et de légèreté. »

Lettres datées de Gap, 11 juin 1848. — Voir l'*Ami de la Religion*.

Lorsque, après *sept années*, le fait de la Salette a fait un si grand pas, combien plus justement doit-il nous être permis de tenir le même langage!...

[2] *Traité de l'amour de Dieu*, chap. XII.

2

temps : « Pourquoi veut-on que les miracles coûtent tant à Dieu ? » Combien plus de nos jours devons-nous répéter la plainte de l'illustre évêque de Meaux !...

Pour nous, revenant à l'école de saint François de Sales, nous croyons volontiers, à son exemple, à toutes ces *choses qui exaltent et magnifient l'amour de Dieu envers les hommes*. Voilà pourquoi nous croyons sans peine au prodige de la Salette. J'ai voulu, à mon tour, et après tant d'autres, visiter un site devenu célèbre et sacré. J'ai trouvé aussi un certain charme à retracer mes souvenirs, mes impressions, dans quelques pages écrites la plupart sur la montagne même. Puissent ces pages édifier quelques âmes et ramener l'espérance aux cœurs découragés ! Le lecteur voudra bien m'excuser d'avoir parfois mêlé à la gravité du sujet quelques traits, épisodes ou scènes de voyage.

O Marie! ce n'est point d'aujourd'hui, vous le savez, que j'essaie de bégayer vos louanges. Votre nom, votre souvenir, mêlé à de pénibles labeurs ou à ces peines de la vie dont chacun porte le poids, est venu bien souvent charmer, colorer les uns, adoucir et consoler les autres... Mais aujourd'hui c'est l'offrande d'une dette sacrée. Oui, ce *Pèlerinage* accompli en votre honneur, ces pauvres pages qui en font le récit, c'est un *ex-voto* de ma gratitude envers votre maternelle bonté, qui a daigné m'obtenir naguère une grâce précieuse. O Marie! ô ma mère ! daignez donc maintenant les agréer, ces pages, comme une petite fleur au doux parfum, cueillie sur votre montagne sainte. Souffrez que votre pèlerin la dépose respectueusement à vos pieds, comme un hommage de sa reconnaissance et de son filial amour !...

Bagnols-sur-Cèze (Gard), octobre 1854

PÈLERINAGE A LA SALETTE

I

De Paris à la Salette.

Vierge si bonne,
Sois la patronne
Du pèlerin...

De Paris, l'immense, la bruyante cité, au désert silencieux de la Salette, la distance semble longue sans doute; mais, grâce au chemin de fer de Lyon, le Parisien peut, entre deux soleils, se trouver transporté dans le voisinage de cette haute montagne des Alpes. Les Alpes presque aux portes de Paris!... n'est-ce pas la plus grande merveille de la civilisation moderne ?

Après une journée de séjour à Lyon, la belle cité qui s'embellit chaque jour encore à l'instar de la capitale ; après un pèlerinage au sanctuaire de Notre-Dame-de-Fourvières, si cher aux Lyonnais, j'ai pris vers le soir la diligence de Grenoble : blotti dans un coin du coupé, je chemine à la clarté des étoiles sur la route du Dauphiné, vers le beau pays de Bayard, *chevalier sans peur et sans reproche.*

C'était le 28 septembre. Nous roulions donc, non plus à la vapeur, mais au trot vif et frigant de cinq forts chevaux, par une de ces belles nuits d'automne qui ne sont point rares dans nos contrées méridionales. Et cependant il me semblait que nous n'avancions point. L'usage des chemins de fer nous rend difficiles, ingrats envers ces pauvres montures qui nous emportent bravement à travers monts et vallées avec une rapidité que nous trouvions naguère merveilleuse.

Mes compagnons de route étaient les meilleures gens; avec eux je montai à pied, au milieu de la nuit, l'énorme côte d'Ecloses, qu'on rencontre après Bourgoin. Quels regrets de ne pas voir les paysages semés des deux côtés de la route!

Nous avons traversé, toujours à la pâle lueur des étoiles, quelques villes ou villages; à Voreppe, le jour si désiré commence à luire. Il est cinq heures. Les hautes montagnes voisines de Grenoble, sillonnées d'abord de vapeurs matinales, dévoilent bientôt à mes yeux toute leur majestueuse beauté. La belle vallée de Graisivaudan est apparue à nos regards impatients d'en contempler les merveilles. En approchant de l'antique cité, j'assiste au magnifique spectacle que présente dans ces contrées le lever du soleil. Une heure après, je traverse l'Isère, et j'entre dans la vieille capitale du Dauphiné, riche des souvenirs de saint Hugues, de saint Bruno, et du bon chevalier *sans peur et sans reproche*, l'honneur du pays de France.

Je connaissais Grenoble. Impatient d'arriver au but de mon pèlerinage, je ne m'arrêtai point dans cette ville. A sept heures du matin je montai dans la diligence de Gap pour me rendre à Corps, dernière station des pèlerins de la Salette. De Grenoble à Corps, la route singulièrement accidentée me parut presque magnifique. Qu'on vante tant qu'on voudra nos chemins de fer, pour moi, j'aime encore, je l'avoue, ces routes sinueuses, pittoresques, qui serpentent, montent, descendent, où tantôt suspendu à la cime d'une montagne, tantôt roulant au sein d'une gracieuse vallée, l'on chemine à travers des torrents, des précipices, rencontrant çà et là de pauvres villages, de petites villes, dont les habitants, les enfants surtout, s'arrêtent, accourent sur les portes, et tout ébahis regardent passer les voyageurs. Ce mode de pérégrination de nos pères a bien aussi son prix; et quand, par intervalles, il m'est donné d'y revenir, je suis presque tenté d'en remercier le Ciel. Hâtons-nous de profiter, pendant qu'il en est temps encore, des derniers avantages de cette vieille façon d'aller : dans quelques années peut-être, le règne de la vapeur, qui étend chaque jour ses conquêtes, aura tout envahi.

De Grenoble à Vizille, durant dix-huit kilomètres, c'est d'abord une belle allée de parcs, bordée à droite et à gauche d'arbres magnifiques; ensuite une gracieuse route qui côtoie le torrent impétueux de la Romanche.

La petite ville de Vizille, avec son vieux castel, célèbre par la mémoire de Lesdiguières et par les souvenirs de la première assemblée dauphinoise, est coquettement assise près de la Romanche, à l'entrée d'une des plus pittoresques vallées de notre France. Une ceinture de hautes montagnes, aux croupes neigeuses, l'enlace de ses flancs couverts de forêts séculaires. Si vous abaissez d'en haut vos regards dans la vallée, le spectacle est tout changé: ce sont de riches tapis de verdure aux teintes variées, qu'une végétation vigoureuse étale avec orgueil sur ces bords.

Au sortir de Vizille, on se trouve en face d'une énorme montagne qu'il s'agit de gravir. Deux belles et bonnes heures au moins seront employées à ce rude travail; mais l'ennui de cette pénible ascension fait souvent place à un vif sentiment d'admiration. A mesure qu'il avance, le voyageur voit se dérouler devant lui le plus magnifique panorama. Sa vue découvre de tous côtés une chaîne de montagnes jetées circulairement autour du bassin de Vizille, et encadrant une vallée comparable en quelque sorte aux belles vallées de Campan et d'Argelès. La Romanche la traverse comme un large ruban semé de paillettes argentées scintillant au soleil. On contemple ces merveilles avec ravissement, mais l'on frissonne parfois quand en se retournant on mesure du regard la profondeur des abîmes sur lesquels on est comme suspendu.

Nous montions, au pas lent de nos chevaux, l'étroit et poudreux chemin tracé sur le flanc de ces montagnes. Le soleil dardait sur notre équipage ses rayons d'automne encore brûlants. Le calme, la beauté, l'imposante majesté de ces lieux, cette ascension pénible et fatigante, tout contribuait à ouvrir mon âme à des pensées du ciel. Il semblait à mon imagination rêveuse, que me détachant de la terre je montais avec effort jusque vers ce fortuné séjour, dont la vue des merveilles d'ici-bas apporte quelquefois une vague pensée dans l'âme du chrétien... Oui, je pensais au ciel. Et pourquoi ne le dirais-je point? pourquoi ne pas accueillir comme un hôte bienfaisant ce délicieux souvenir durant la rude traversée de la vie? Je tenais justement à la main un pieux opuscule, extrait des œuvres d'un admirable saint qui a souvent parlé du ciel : le ciel était son trésor, trésor péniblement cherché et enfin trouvé: *là était son cœur ;* ce cœur, l'un des plus grands, l'un des plus riches que la main du Créateur ait jamais formés. On a reconnu saint Augustin.... Divines messagères d'un jour serein, ces pensées du ciel portent avec elles une sainte joie; elles raniment, consolent, encouragent. Recueillons donc chemin faisant quelques-uns de ces soupirs enflammés que l'ardeur de l'amour divin arrachait de l'âme du grand évêque d'Hippone :

« Ainsi qu'un cerf fatigué par une longue fuite désire les eaux rafraîchissantes d'une pure fontaine, ainsi mon âme vous désire, ô mon Dieu!

» Quelle soif me dévore, hélas! j'habite à présent une terre déserte, une terre brûlée, qui n'a que des eaux bourbeuses, des eaux qui m'empoisonnent sitôt que je veux en goûter. Quand serai-je en liberté de puiser à la source des eaux vives qui jaillissent de siècle en siècle dans l'éternité? n'arrivera-t-il pas bientôt ce jour heureux où j'entrerai en possession d'une joie pure et solide qui ne doit point finir?

» Le beau jour que ce jour qui ne sera suivi d'aucune mort! L'heureux jour que celui où vous direz à mon âme : Entrez dans la joie de votre Dieu!

» La joie de mon Dieu! Qu'est-ce à dire? C'est-à-dire une joie sans inquiétude, sans ennui, sans dégoût, sans tristesse; une joie causée par la possession constante de tous les biens, sans mélange d'aucun mal.

» O Jérusalem, ô ma chère patrie! que l'on raconte de vous des choses merveilleuses! Mais tout ce qu'on en dit, tout ce qu'on peut en dire n'est rien en comparaison de ce que vous êtes. On ne voit rien dans votre enceinte de tout ce que nous voyons sur la terre. Ce que nous voyons de beau ici-bas ne peut être l'ombre ni la figure de vos beautés.

» O Jérusalem, ô ma chère patrie! ma seule consolation sera désormais d'élever vers vous mes regards et tous les désirs de mon cœur. Je ne veux plus ni parler ni entendre parler que de vous. Je ne veux m'entretenir que de vos beautés. Je ne veux plus rien lire qui ne me rappelle le souvenir de votre gloire... Cette seule méditation me consolera au milieu des misères, des travaux et des dangers de cette vie ; elle adoucira l'ennui de mon pèlerinage.

» Ah ! je voudrais en vain m'échapper pour aller jouir dès à présent de ce bonheur inexplicable. Hélas ! je me sens retenu malgré moi.

» Malheureux corps, c'est toi qui m'arrête ; quand tomberas-tu pour laisser mon âme en liberté de s'envoler vers Dieu ? Quoi ! mon exil sera-t-il longtemps prolongé ? mes chaînes ne se briseront-elles pas bientôt ? Jusques à quand me dira-t-on d'attendre ? Attendre ? Eh ! qu'ai-je à attendre davantage ? Non, je n'attends autre chose que vous, ô mon Dieu !

» Quoi ! toujours agité par les flots d'une mer orageuse sur laquelle je suis exposé sans cesse au naufrage ! Seigneur, pousserai-je toujours vers vous des cris lugubres sans que vous daigniez les écouter ? Enfin, exaucez-moi, ouvrez à mes désirs le port de ma félicité.

» Que ceux qui y sont entrés sont heureux ! assurés de leur sort, délivrés à jamais de toutes sortes de maux, ils jouissent de votre royaume.

» Royaume glorieux ! Oh ! qu'il est beau cet empire que les saints partagent avec Dieu même ! dès qu'on en a pris une fois possession, c'est pour toujours qu'on le possède. On ne peut le perdre, parce qu'on ne peut cesser de le mériter. C'est pour toujours qu'on est heureux.

» La jeunesse alors ne vieillit plus, la lumière ne s'éteint plus, la beauté ne s'efface plus, l'amour ne se refroidit plus, la santé ne s'affaiblit plus, la joie ne diminue plus. On n'y sent point de douleur, on n'y voit rien de triste, on n'y craint point de mal, parce qu'on y possède le souverain bien, qui consiste à voir face à face le Seigneur Dieu des vertus.

» Heureux donc, mille fois heureux ceux qui, échappés du naufrage de cette vie, sont entrés dans ce port de félicité [1] ! »

Revenons pourtant sur la terre. Nous voici enfin, après de longs et pénibles efforts, parvenus au sommet de la montagne. Nous traversons le village de la Frey, où vivent encore les souvenirs de Napoléon, s'écriant en cet endroit même, au détachement envoyé de Grenoble contre lui : « Soldats, ne reconnaissez-vous plus votre empereur ? si quelqu'un de vous veut tirer sur son général, me voilà [2] ! » A cette hauteur, ô surprise ! on découvre, à gauche de la route, trois lacs. L'un d'eux surtout est remarquable par son étendue. On se croirait presque au milieu de la Suisse. Quelques heures après nous traversons la petite ville de la Mure, dont les habitants, surtout les femmes, en habit de deuil, rappellent le récent passage du cruel fléau, le choléra. De la Mure à Corps, la scène devient de plus en plus majestueuse et grandiose : des chemins à replis tortueux descendent dans les vallées, tournent, gravissent les montagnes, franchissent des ponts jetés hardiment sur les torrents. En approchant de Corps, le voyageur voit se dresser devant lui, à droite de la

[1] *Aimer Dieu, c'est ma vie*, tiré des œuvres de saint Augustin, par l'abbé C***.

[2] Une inscription gravée sur une pierre rappelle ces paroles du fugitif de l'île d'Elbe, débarqué à Cannes (mars 1815).

route, un énorme pic grisâtre, dénudé, qui semble se perdre dans les nues. C'est l'Obiou, le géant de ces montagnes : il a près de trois mille mètres d'élévation. « Le mont Blanc seul, dans toute l'Europe, nous disait fièrement le postillon, est plus élevé. » Cet enfant du pays vantait trop sans doute sa montagne[1]. Néanmoins, à l'aspect de cette masse énorme, l'imagination confondue ne suppose point qu'il existe ailleurs d'autre géant de plus haute taille. Oh ! comme l'homme se sent petit à la vue de ces grandes merveilles de la toute-puissance de Dieu ! Et cependant ce ne sont là après tout que des ornements, que des parures inanimées du palais qu'il habite et dont il a été établi le roi. Oui, tout en songeant à son néant, l'homme peut dire avec une sainte fierté : Je suis créé à l'image de Dieu ! malgré le peu de place que j'occupe dans l'espace, ne suis-je donc pas incomparablement plus grand encore que toutes ces merveilles ?

[1] Le Pelvoux de Vallouise (Hautes-Alpes) a quatre mille deux cent soixante-quinze mètres d'élévation. C'est la plus haute montagne de France.

II

La montagne de la Salette.

Salut, ô Reine mère de miséricorde...
... et notre espérance, salut!...

HYMNE.

Me voici à Corps, au pied de la montagne bénite que foulent chaque jour les pas de quelques pèlerins. Corps, bourg de deux mille âmes, n'offre rien de remarquable. Sa population est, dit-on, beaucoup plus religieuse depuis l'événement de la Salette. Les travaux du dimanche, les jurements y sont comme inconnus. Dieu soit béni! il est donc ici-bas un coin de terre où le jour du Seigneur est fidèlement gardé, où son nom adorable n'est point blasphémé. Cette pensée consolante revêtait, à mes yeux, d'une sorte d'auréole une pauvre bourgade devenue presque riche aujourd'hui par l'affluence des voyageurs. Son voisinage de la montagne de l'apparition me la rendait d'ailleurs déjà sainte. Il est cinq heures. Après un frugal repas, j'enfourche à la hâte un mulet à grelots bruyants et à pompons rouges; une enfant de seize ans, qui s'exténue à le frapper, me sert de guide. Me voilà chevauchant derrière d'autres pèlerins sur le long et pittoresque sentier qui conduit au plateau de la Salette. C'est le 29 septembre, fête de saint Michel. Je me recommande au glorieux archange, et mets mon pèlerinage sous la protection de ce grand patron de la France...

J'ai gravi dans ma vie bien des sentiers, pour arriver à quelque sanctuaire révéré, à quelque célèbre pèlerinage, en France, en Italie et en d'autres contrées. Depuis le sombre et majestueux désert qui conduit à la Grande-Chartreuse, jusqu'à cette galerie couverte et ornée de peintures qui mène par un chemin facile de Bologne-la-Grasse à la belle chapelle de Notre-Dame de la Garde, il y a bien des routes sur les montagnes, à l'extrémité desquelles ce que l'œil découvre dédommage bien le pèlerin de ses fatigues et de ses efforts ! J'ai cheminé sur un grand nombre de ces routes, le bâton à la main et l'espérance dans le cœur; de précieux souvenirs de ces pérégrinations sont vivants dans mon âme.... mais le souvenir de cette dernière ascension sur le mont de la Salette me sera toujours désormais l'un des plus chers et des plus consolants.

Peu de déserts sont comparables sans doute pour l'imposante majesté et la pittoresque fraîcheur à ce magnifique désert des Alpes, au sommet duquel la miséricordieuse Reine du ciel a établi un nouveau trône de ses grâces. Figurez-vous une marche, pendant deux grandes heures, sur un sentier qui sillonne le flanc de hautes montagnes, traverse des torrents, longe des précipices.... Vous entendez le bruit des cascades, vous apercevez des forêts de sapins sur des pics élevés : une nature forte, vigoureuse s'étale sous vos yeux, et vos pieds sont suspendus sur d'affreux abîmes dont on n'ose sonder la profondeur... Quelques croix, quelques vieilles chapelles isolées et désertes, telles que celle de Notre-Dame des Lumières ou de Saint-Sébastien arrêtent de temps en temps vos regards. Partout un solennel et religieux silence, interrompu seulement par le bruit des torrents ou par le tintement monotone des grelots des mulets qui gravissent la montagne ! Cheminer ainsi, par une soirée magnifique, avec l'espoir de rencontrer au terme de sa route les traces bénites d'une *Mère de miséricorde*, serait-ce donc une fatigue !... Oh ! non, ne le croyez point : il y a dans cette marche pénible vers un sanctuaire vénéré, un charme inconnu qu'on ne soupçonne point. Un flux de pensées mélancoliques, douces, sereines, délicieuses, passe et repasse alors dans l'âme du pèlerin. C'est un vague d'imagination qu'on aime, qui repose, qui fait du bien. On se croit transporté, pour quelque temps, dans un monde nouveau, au fond duquel habitent la paix, l'espérance et les joies saintes. On ne songe plus à la terre, laissée bien loin derrière soi, et qui semble alors bien petite, bien misérable. Ces cîmes gigantesques, ce silence, ce calme de la solitude, tout ce qu'on voit, tout ce qu'on sent, forme dans le cœur une sorte d'harmonie dont on ne se rend pas compte ; mais ce n'en est pas moins comme un concert de voix célestes, dont les notes dominantes sont toujours *la grandeur*, *la puissance*, *la bonté* de Dieu, et *la tendre miséricorde* de Marie.

Après une heure de marche, nous arrivons enfin au village de la Salette, presque caché à droite dans des massifs de verdure. Son modeste clocher frappe seul les regards. Autour de ce clocher, signe d'union et de joie sainte, se rassemblent aux jours de dimanche les habitants d'une douzaine de petits hameaux, jetés comme des nids d'aigles sur les flancs des montagnes voisines. Quel beau et touchant spectacle que celui de tous ces bons montagnards sortant de leur agreste demeure aux tintements argentins de la cloche du désert, et descendant en foule pour venir se grouper dans une petite église où le Roi du ciel et de la terre va descendre lui-même au milieu d'eux pour les consoler et les bénir ! C'est le même Dieu qui descend à pareille heure sur le splendide autel des plus magnifiques cathédrales. On a souvent parlé de l'harmonie des cloches : quoi de plus harmonieux que le tintement d'une cloche dans un pareil désert ! C'est une voix puissante qui ébranle les monts, les vallées, et amène tout un peuple fidèle aux pieds du Roi du ciel, de Jésus-Christ, notre Sauveur, dont « les délices sont d'habiter avec les enfants des hommes. »

En continuant à gravir, on traverse l'un de ces hameaux qui forment une riante ceinture au village de la Salette. C'est le hameau des Ablandins, où Mélanie et Maximin étaient en service lors de l'apparition. Je donnai un pieux souvenir à ces deux jeunes bergers, que la Vierge Marie daigna choisir pour les instruments de ses miséricordes. Mais j'éprouvais un regret en songeant qu'il ne me serait pas donné de voir l'un ou l'autre... Maximin est en Italie, m'avait-on dit. Quant à Mélanie, elle était aussi hors de France. La dame de l'hôtel, à Corps, m'en avait déjà prévenu. « Mélanie, m'avait-elle dit, n'est plus ici : elle est partie pour Londres avec un prélat romain, afin d'être présentée à l'*impératrice* (*sic*) d'Angleterre. » Que voulez-vous? tout le monde n'est pas obligé de savoir qu'il n'y a qu'une gracieuse *reine* sur le trône de la Grande-Bretagne[1].

Une croix signale le mont de l'apparition et le fait distinguer de plusieurs autres qui l'avoisinent. Le pèlerin salue, joyeux, ce signe du salut, symbole d'espérance qui le ranime et lui redonne du courage. Il en a besoin en effet. Quand il croit toucher au plateau tant désiré, il n'a guère fait que la moitié du chemin. Durant près d'une heure, il lui faut gravir encore péniblement un sentier devenu plus rude, plus étroit, plus escarpé. Malheur à lui si le pied glisse ou si son mulet trébuche! il doit rouler tout aussitôt dans des précipices d'une effroyable profondeur. Mais rassurez-vous : les anges gardiens des pèlerins marchent avec eux sur la montagne : «Ils vous porteront dans leurs mains, comme dit le Prophète-roi, de peur que vous ne heurtiez contre quelque pierre[2].» Jamais encore, jusqu'à présent, Dieu merci, on n'a eu d'accident à déplorer. Pour qui connaît ces chemins rocailleux, n'est-ce pas là déjà une sorte de miracle ?

[1] On sait que Mélanie est religieuse de la Congrégation dite de *la Providence*, sous le nom de *Marie de la Croix*. Quant à Maximin, il étudie au petit séminaire de Grenoble. On ignore s'il entrera dans l'état ecclésiastique. Il paraîtrait, dit-on, plutôt incliner vers l'état militaire.

[2] Ps. xc.

Mais enfin j'ai atteint le plateau qu'appelaient mes vœux. La nuit est venue. Le plus beau clair de lune projette seul une faible lueur sur les objets environnants; sans m'arrêter à les contempler, je viens aussitôt m'agenouiller dans l'enceinte du nouveau temple érigé sur cette cime auguste à la Reine du ciel; là ma voix se mêle à celle des nombreux pèlerins qui chantaient ce refrain si connu des pieux habitants de ces contrées :

A la Salette
Mon cœur répète
Ce doux refrain :
Vierge si bonne,
Sois la patronne
Du pèlerin.

Un petit orgue accompagnait ces chants. Je ne puis rendre l'émotion qu'apporta dans mon âme ce joyeux concert. De douces larmes coulaient de mes yeux. Suis-je encore sur la terre? je l'ignorais : il me semblait avoir entrevu les portes du ciel.

—∞✂∞—

III

Récit de l'apparition.

« .... Quand on a vu la sainte Vierge, il n'y a rien de beau sur la terre. »

PAROLES DE MÉLANIE.

Sur ce mont d'où s'élèvent ces chants vers le trône de la Vierge Marie, qu'est-il donc survenu? quel prodige extraordinaire a transformé un désert sauvage en un lieu suave de pèlerinage? Les pieux fidèles ne l'ignorent point. La renommée a porté partout dans le monde chrétien le bruit d'une céleste apparition qui a sanctifié cette montagne. Rappelons encore en toute simplicité ce touchant récit. On comprendra mieux ensuite les impressions, les pensées que l'aspect de ces lieux bénis peut apporter dans l'âme d'un pèlerin.

C'était le 19 septembre 1846, un samedi, veille de la fête de Notre-Dame des Sept-Douleurs. La journée était belle, le ciel sans nuage. Deux petits bergers du hameau des Ablandins, Maximin Giraud, âgé de onze ans, et Mélanie Mathieu, âgée de quinze ans, gardaient ensemble sur une montagne de la Salette les vaches de leurs maîtres. Cette montagne est située dans le diocèse de Grenoble, à une élévation de 1,800 mètres. « Elle est, dit poétiquement un missionnaire devenu l'un de ses pieux habitants, comme le calice d'une fleur dont les montagnes encore plus élevées qui l'entourent forment la corolle. La pelouse est émaillée de fleurs odoriférantes, dont la diversité et l'éclat ravissent l'œil du touriste et charment la piété du pèlerin, qui les cueillent, les emportent et les conservent avec bonheur [1]. »

Or donc, vers trois heures après midi, les deux bergers descendirent dans le fond d'un petit ravin pour y trouver un abri contre la chaleur. La fontaine intermittente était à sec, et le ruisseau de Sézia coulait à peine. Après avoir pris leur frugal repas, ils s'endormirent, contre leur habitude. Leur sommeil fut court. En se réveillant ils cherchèrent leurs vaches, qu'ils n'apercevaient plus; pour les découvrir, ils traversèrent le ruisseau et gravirent le tertre opposé. Les ayant vues couchées sur la pente adoucie qui est au pied du mont Gargas, ils redescendirent dans le ravin. C'est alors qu'un étrange spectacle frappa les regards de ces deux pauvres enfants.

A la place qu'ils venaient de quitter dans le même ravin, ils voient tout à coup une clarté éblouissante, au milieu de laquelle ils distinguent une belle dame vêtue comme une reine et tout étincelante de lumière. Elle était assise sur une large ardoise que l'on conserve encore. Ses pieds étaient posés dans le lit dessé-

[1] *La Divine Messagère*, etc., par l'abbé Sibillat, missionnaire de Notre-Dame de la Salette. — Le récit qui va suivre est emprunté presque tout entier à ce pieux opuscule, publié récemment, et qui se vend au profit du sanctuaire.

ché de la fontaine, qui, depuis cette apparition, n'a jamais cessé de couler. Elle avait les coudes appuyés sur ses genoux et le visage voilé par ses deux mains. La plus profonde tristesse se peignait dans toute son attitude. Elle portait sur sa poitrine un crucifix suspendu par une chaîne et aux côtés duquel étaient des tenailles et un marteau.

Un missionnaire de la Salette raconte que faisant un jour admirer à Mélanie le magnifique spectacle qu'offrait la majesté de ces montagnes tapissées de verdure et émaillées de fleurs, jointe à un beau ciel azuré tout étincelant de lumière, elle lui répondit : « Mon père, quand on a vu la sainte Vierge, il n'y a rien de beau sur la terre. »

Lorsque la belle dame découvrit son visage, il parut tout inondé de pleurs. A cette vue, un sentiment inexprimable s'empara des deux bergers. Mélanie, saisie de peur, laissa tomber son bâton; Maximin lui dit : « Ramasse ton bâton, tu t'en serviras contre cette dame inconnue, si elle nous attaque. » Leur crainte augmentant, ils se disposaient à fuir, lorsque la dame leur dit : « Approchez; mes enfants, ne craignez pas; je suis venu ici pour vous annoncer une grande nouvelle. » Ils sont rassurés. Alors la dame se lève, fait deux pas et vient à eux; Mélanie est à sa droite, et Maximin à sa gauche. Elle croise les bras et leur dit, toujours en pleurant :

« Si mon peuple ne veut pas se soumettre, je suis forcée de laisser aller le bras de mon Fils.

» Il est si lourd, si pesant, que je ne puis plus le retenir.

» Depuis le temps que je souffre pour vous autres, si je veux que mon Fils ne vous abandonne pas, je suis chargée de le prier sans cesse.

» Et pour vous autres, vous n'en faites pas cas.

» Vous avez beau prier, beau faire, jamais vous ne pourrez récompenser la peine que j'ai prise pour vous autres.

» *Je vous ai donné six jours pour travailler, je me suis réservé le septième, et on ne veut pas me l'accorder* [1]. C'est là ce qui appesantit tant la main de mon Fils.

» Ceux qui conduisent les charrettes ne savent pas jurer sans y mettre le nom de mon Fils au milieu.

» Ce sont les deux choses qui appesantissent tant la main de mon Fils.

» Si la récolte se gâte, ce n'est qu'à cause de vous autres. Je vous l'ai fait voir l'année dernière par les pommes de terre; vous n'en avez pas fait cas. C'est au contraire : quand vous trouviez des pommes de terre gâtées, vous juriez, vous mettiez le nom de mon Fils. Elles vont continuer à pourrir, et cette année, pour la Noël, il n'y en aura plus. »

Ici les enfants, ne comprenant pas ce que la dame veut dire par *pommes de terre* [2], se regardent l'un l'autre avec étonnement. Alors elle reprend ainsi :

» Ah ! vous ne comprenez pas le français, mes enfants; attendez, je vais vous le dire autrement. »

[1] La sainte Vierge ne parle plus ici seulement au nom de son Fils, elle le fait parler lui-même. Ainsi parlaient sous l'ancienne loi Moïse et les prophètes.

[2] A Corps et dans plusieurs autres endroits du Dauphiné les *pommes de terre* s'appellent *truffes*.

Ici elle leur parle en patois et répète les paroles précédentes. Voici la traduction de son langage.

« Si la récolte se gâte, ce n'est rien qu'à cause de vous autres. Je vous l'ai fait voir l'année passée par les pommes de terre; vous n'en avez pas fait cas; c'était au contraire : quand vous en trouviez de gâtées, vous juriez, vous mettiez le nom de mon Fils. Elles vont continuer, *que*, pour Noël, il n'y en aura plus [1].

» Si vous avez du blé, il ne faut pas le semer; tout ce que vous sèmerez, les bêtes le mangeront, ce qui viendra tombera tout en poussière quand vous le battrez.

» Il viendra une grande famine. Avant que la famine vienne, les enfants au-dessous de sept ans prendront un tremblement et mourront entre les mains des personnes qui les tiendront; les autres feront pénitence par la famine.

» Les noix deviendront mauvaises; *les raisins pourriront.* »

Ici la sainte Vierge donne à Maximin, puis à Mélanie, un secret sur lequel tous deux sont impénétrables; pendant qu'elle parlait à l'un, l'autre n'entendait rien et n'apercevait que le mouvement des lèvres. Ce secret nous est inconnu encore. Les menaces, les coups même, aussi bien que l'or et les plus magnifiques promesses, rien n'a pu l'arracher de la bouche de ces enfants. Porté à Rome par deux ecclésiastique distingués du diocèse, ce double secret

[1] Nous conservons à cette phrase sa tournure *patoise*, pour ne rien changer au vrai récit de l'apparition. — On peut traduire ainsi : *elles* (les pommes de terre) *vont continuer* à se gâter, en sorte *que pour Noël*, etc.

a été déposé par écrit entre les mains du souverain pontife... Mais reprenons.

Après avoir confié aux enfants un double secret, Marie continua :

« Si les pécheurs se convertissent, les pierres et les rochers se changeront en monceaux de blé, et les pommes de terre seront ensemencées à travers les terres.

» Faites-vous bien votre prière, mes enfants ? »

Tous deux répondirent : « Pas guère, madame.

— Il faut bien la faire, mes enfants, soir et matin. Quand vous ne pouvez pas la faire, il faut dire au moins un *Pater* et un *Ave Maria;* et quand vous aurez le temps, en dire davantage.

» Il ne va que quelques femmes âgées à la messe; les autres travaillent le dimanche tout l'été; et l'hiver, quand ils ne savent que faire, les garçons ne vont à la messe que pour se moquer de la religion. Le carême, on va à la boucherie comme des chiens.

» N'avez-vous pas vu du blé gâté, mes enfants? »

Tous deux répondirent : « Oh! non, madame.

— Vous devez bien en avoir vu, vous, mon enfant (en s'adressant à Maximin), une fois, vers la terre du Coin, avec votre père.

» Le maître de la pièce dit à votre père d'aller voir son blé gâté; vous y êtes allé tous les deux. Vous prîtes deux ou trois épis de blé dans la main, vous les froissâtes, et tout tomba en poussière; puis vous vous en retournâtes. Quand vous étiez encore à une demi-heure de Corps, votre père vous donna un morceau de pain et vous dit : « Tiens, mon enfant, mange encore du pain cette année ; je ne sais pas qui en mangera l'année prochaine, si le blé continue encore comme ça. »

Maximin répondit : « Oh ! oui, madame, je m'en souviens à présent ; tout à l'heure je ne m'en souvenais pas. »

Après cela, la dame leur dit en français : « Eh bien ! mes enfants, vous le ferez passer à tout mon peuple. »

Elle alla ensuite au-delà du ruisseau, et leur dit une seconde fois : « Eh bien ! mes enfants, vous le ferez passer à tout mon peuple. »

Tel fut cet entretien, qui dura une demi-heure environ. La belle dame s'éloigna alors des deux petits bergers, et se dirigea vers le tertre qu'ils avaient gravi tout à l'heure pour regarder leurs vaches ; elle décrivit comme une *S* dans sa marche. Elle marchait à la cime de l'herbe sans la faire incliner et sans froisser les roses qui étaient sous ses pieds. Elle s'éleva de terre à un mètre de hauteur, et demeura quelques instants suspendue, et promenant ses regards de tous côtés, et arrosant le sol de ses larmes.

Enfin, le visage tourné vers l'Orient, elle disparut insensiblement. Alors Maximin s'élança pour saisir une des roses qui paraissaient aux pieds de la céleste messagère ; mais tout s'éclipsa avec elle. Seulement une grande clarté jointe à un parfum délicieux signala quelques moments encore la place qu'elle venait de quitter. « Je crois bien, dit Mélanie, que cette dame est une sainte. — Si je l'avais su, reprit Maximin, je l'aurais priée de m'emmener au ciel. »

Voilà le simple récit de l'apparition de la Salette. De la bouche de deux pauvres petits bergers ce récit est passé dans celle de tous les habitants de ces montagnes, et de là s'est répandu dans les autres contrées. Il resterait, pour le compléter, à retracer maintenant l'histoire de la propagation successive de ce fait merveilleux et de tous les incidents qui s'y rattachent. Mais assez d'autres avant nous ont rempli à cet égard le rôle de narrateur et de défenseur. Nous renvoyons à leurs écrits [1]. Encore une fois, je ne prétends nullement discuter de nouveau sur un fait dont la certitude morale me semble suffisamment démontrée. Que d'autres lui refusent leur assentiment. Je ne veux point chercher à les convaincre. Une polémique froide, raisonneuse, sied peu au pèlerin. Quand il porte ses hommages avec ses pas dans quelque sanctuaire vénéré, c'est par des prières, par des élévations, des élans du cœur qu'il aime à payer à Dieu ou à sa sainte Mère son tribut de reconnaissance et d'amour. Le rôle d'apologiste, de docteur, est plus glorieux peut-être ; celui du solitaire, de l'humble pèlerin qui contemple et qui prie, est plus doux, plus consolant. On me permettra de choisir le second, et de rappeler maintenant les impressions que, dans cette contemplation,

[1] Voir les ouvrages lumineux de M. l'abbé Rousselot : *La vérité sur l'événement de la Salette*, — *Rapports à Mgr l'évêque de Grenoble*, — *Manuel des pèlerins de Notre-Dame de la Salette*, etc. On peut voir aussi l'*Echo de la sainte montagne*, par Melle Marie des Brulais; l'ouvrage de Mgr de Villecourt, évêque de la Rochelle; la lettre de Mgr Dupanloup (*Ami de la Religion*, juin 1848); *Un Pèlerinage à la Salette*, par l'abbé Gobert, etc., etc — Voir enfin le dernier mandement de Mgr l'évêque de Grenoble (novembre 1854.)

cette prière, mon âme a ressenties sur un sol sanctifié par les pas de la Reine du ciel [1].

[1] « La dévotion à Notre-Dame de la Salette, accusée d'ambition, de folie, etc., se présente aux tribunaux de ses détracteurs avec l'inébranlable autorité du fait, avec ses cent mille adhésions, avec ses prières ferventes, ses guérisons, et ses conversions miraculeuses, et ses prodiges sans nombre, et surtout avec le témoignage du souverain pontife, qui a répondu à une dame qui s'annonçait de Grenoble : « Que vous êtes heureuse, madame, d'appartenir à un diocèse qui vient d'être visité par la Reine du ciel! » (*La Divine Messagère*, par l'abbé Sibiltat.)

IV

Le Sanctuaire de la Salette.

> Quelle Jérusalem nouvelle
> Sort du fond du désert brillante de clarté...
> Et porte sur le front une marque immortelle!...
>
> J. RACINE.

Un mot d'abord sur les objets qui frappent les regards du pèlerin. Voilà donc cette haute montagne des Alpes, naguère solitude profonde, inconnue des hommes, presque inaccessible, devenue tout à coup un des pèlerinages les plus fréquentés, les plus célèbres du monde chrétien! Aux yeux de tout esprit non prévenu, n'y a-t-il pas déjà dans cette transformation étrange un premier prodige? Quelle puissance a changé soudainement un désert sauvage en un temple où retentit nuit et jour la voix de la prière, le chant de pieux cantiques? Oui, ce temple existe : il est là qui s'élève splendide, magnifique, sur le plateau de la montagne, flanqué d'énormes bâtiments, servant déjà de demeure aux missionnaires et d'hôtellerie aux nombreux pèlerins. On ne comprend guère, il est vrai, comment la main des hommes a pu amener là, sur cette cime effrayante, les grosses pierres et tous les matériaux qui doivent entrer dans la construction d'une vaste basilique. Mais qu'importe ? la basilique s'élève rapidement, grâce aux dons des fidèles [1]. La foi et la charité ont leurs secrets : ces deux sœurs réunies dans un même labeur opérent des merveilles inappréciables ; le chœur est déjà terminé ; dans peu d'années, sans doute, l'église le sera entièrement. Ce beau monument coûtera, dit-on, un million. Un million offert par les enfants de Marie pour lui bâtir un temple !... Quel motif d'espérance en celle qui est appelée la *Mère de miséricorde !*

En face de cette vaste construction, à l'autre extrémité du plateau, s'élève un élégant et précieux oratoire dit *de l'Assomption.* Il est situé sur la place même où disparut la belle dame après son entretien avec les deux bergers. On y arrive du fond du ravin par un sentier où l'on a planté un chemin de la Croix. Les pèlerins le montent à genoux et en priant. C'est celui qu'a décrit la Vierge Marie en s'éloignant des deux enfants, après le merveilleux entretien. Une grande croix dite *de la Conversation* indique la place même de cet entretien. A deux pas de là coule une fontaine dont l'eau bienfaisante, puisée constamment par les groupes de pèlerins, a déjà opéré, par la vertu du Tout-Puissant, une multitude de guérisons [2].

Revenons à l'église, Elle est desservie par des missionnaires diocésains dits *missionnaires de Notre-Dame de la Salette.* Leur zèle, leur charité sont au-dessus de tout éloge. Ils accueillent tous les pèlerins, comme

[1] On a déjà dépensé près de trois cent mille francs, dit-on.

[2] Voir l'*Appendice*, à la fin de l'ouvrage.

des amis, des frères, et leur dispensent, à chaque heure du jour et de la nuit, les trésors de grâces dont ils sont les heureux dépositaires. Qu'il est beau de les voir le soir établissant chacun leur tente dans un de ces confessionnaux dont la rude simplicité atteste encore l'état provisoire du mobilier du temple, et là prolongeant bien avant dans la nuit le sublime et consolant ministère d'un juge qui toujours absout et pardonne!... Aux jours de ces grands concours, les veilles des fêtes, la plupart des pèlerins attendent dans l'enceinte de ce temple inachevé le retour de l'aurore, et par des chants pieux ils savent abréger et charmer ces veilles saintes. Telle fut cette nuit qui précéda la douce fête du Rosaire. J'en garde un délicieux souvenir. Réveillé comme en sursaut, j'entendis, dans un vague lointain, un harmonieux concert... Etait-ce la voix des anges qui saluaient leur Reine avant l'aube matinale?... Mon imagination, entre la veille et le sommeil, croyait volontiers à l'apparition de ces esprits célestes. Or c'étaient des groupes de pèlerins qui chantaient en chœur les litanies de *Notre-Dame de la Salette*.

Chaque matin, durant quatre à cinq mois de l'année, plusieurs centaines de pèlerins viennent assister dans ce temple à la sainte messe. J'ai ouï dire qu'au dernier anniversaire [1], cinq mille personnes environ s'étaient approchées de la table eucharistique. Chaque soir, durant ces mêmes mois, la prière, le chapelet, le chant des cantiques, l'invocation à *Notre-Dame Réconciliatrice*, une instruction, et le plus souvent

[1] *Voir la Note de l'éditeur à la fin du volume.*

4

la bénédiction du très-saint Sacrement, réunissent encore dans la pieuse enceinte de fidèles enfants de Marie. Puis, aux jours du dimanche ou des grandes fêtes, ce sont des offices plus solennels : la sainte messe en plein air sous la tente; des processions qui sillonnent les flancs des montagnes; des paroles de feu adressées à la foule des pèlerins, au pied même du pieux oratoire de l'Assomption... Oh! qui ne serait merveilleusement inspiré en parlant à un peuple fidèle sur ce sol béni d'où la Vierge Marie reprit son vol vers le céleste séjour?... Mais un autre langage plus éloquent, plus touchant encore, sera celui de l'auguste monument qui doit couronner le faîte du grand temple et briller comme un phare lumineux au sein de ce vaste désert.

Quel sera ce monument? On le devine sans peine : la statue de Marie, la Mère de Miséricorde. Oui, elle aura son trône au sommet de son temple de la Salette, comme elle l'a déjà à la cime de son bien-aimé sanctuaire de Fourvières. Sa main, étendue sur le monde, le protégera encore, et ses yeux, tournés vers le ciel, y chercheront le divin Rédempteur pour implorer grâce et pardon. O Marie! du haut de ce trône voisin des cieux, les pieds sur la terre, la tête dans le divin séjour, ne serez-vous point alors surtout cette *toute-puissante suppliante* dont parle saint Bernard? Et que pourrions-nous craindre encore, quand votre bras tutélaire sera là étendu comme un bouclier sur nos têtes coupables, et que, de ce point culminant du monde, vos regards maternels se tourneront vers votre Fils, notre Sauveur, pour le toucher et le fléchir?

Enfin, quelque jour, dit-on, et bientôt peut-être, on verra surgir un nouvel édifice sur la douce pente d'une autre montagne qui se trouve en face du principal monument. Quel sera encore cet édifice? Ici vient s'offrir à ma pensée l'une des plus touchantes réminiscences de l'esprit chrétien au moyen âge, l'une de ces ravissantes harmonies du catholicisme, que le cœur sent vivement, mais que le langage humain ne peut guère exprimer. Oui, dans ces siècles de foi, qu'on apprécie plus justement aujourd'hui, il existait une sainte coutume. Un monastère d'hommes était-il fondé dans quelque désert, sur un sol signalé par quelque prodige de grâce et de miséricorde, presque aussitôt un monastère de femmes s'élevait dans le voisinage. Souvent même c'était un simple monastère, *double*, comme on disait alors; là, dans des enceintes séparées, des voix d'hommes et de femmes chantaient ensemble les louanges de Dieu ou de sa sainte Mère. C'était un harmonieux concert qui, du sein de la solitude, montait à l'unisson vers les voûtes des cieux. L'histoire de la Gaule monastique offre plus d'un exemple de cette pieuse coutume : de nos jours encore, il n'est pas rare de trouver à côté d'une abbaye de religieux une communauté de vierges consacrées au Seigneur. La femme chrétienne a dans tous les temps revendiqué sa part dans les glorieux labeurs des enfants du cloître et de l'apostolat. Jamais elle n'a voulu rester en arrière; et toujours elle a voulu mêler sa douce voix au grave concert de louanges que les anges de la terre font monter vers le trône du Roi du ciel.

Il en sera ainsi dans quelques jours, dit-on, sur la montagne de la Salette. Un couvent de religieuses d'un nouvel ordre institué sous ce nom sera bâti à une petite distance de la maison des missionnaires : des vocations se préparent, et déjà, assure-t-on, bon nombre de jeunes filles briguent l'honneur de s'enrôler dans cette nouvelle milice de la Vierge Marie. Ainsi, bientôt peut-être, les échos du désert de la Salette rediront à leur tour ce double concert que tant d'autres déserts entendaient jadis. Marie elle-même n'a-t-elle pas choisi un petit berger et une jeune bergère pour ses ambassadeurs, comme pour nous faire entendre que d'un double sanctuaire érigé sur la montagne doivent s'élever nuit et jour les voix de la prière et les pieux cantiques, afin d'implorer pour tous grâce et miséricorde!...

V

Impressions et pensées.

Il nous est bon d'être ici...
S. MATTH. VI.

30 septembre.

Assis au-dessus de la fontaine, autrefois tarie, aujourd'hui abondante, où viennent puiser sans cesse de nouveaux pèlerins, j'ai là, sous mes yeux, la croix *de la Conversation ;* puis je contemple ce chemin de *Croix*, que décrivit en s'éloignant la Reine du ciel ; ce gracieux *Oratoire* qui conserve la trace de ses pas, et en face ce grand temple inachevé que l'on construit en son honneur. Les coups de marteau d'une trentaine d'ouvriers façonnant des pierres sur le plateau, le murmure de la fontaine, le léger bruit des pas des pèlerins, interrompent seuls le silence de ces lieux. Un ciel d'azur est sur ma tête ; la plus délicieuse journée d'automne apporte le calme dans l'âme, et l'invite aux saintes et mélancoliques pensées.

Je le dirai en toute simplicité : le spectacle de cette

nature grandiose joint à l'émotion des souvenirs, et l'aspect de cette délicieuse journée, me jetaient dans une sorte de ravissement. Je songeais à la grandeur, à la bonté de Dieu, notre Créateur, notre Rédempteur; suspendu en quelque sorte entre le ciel et la terre, je méditais sur les relations du monde invisible, avec ce monde visible et passager qui semblait alors avoir presque disparu à mes regards.

Je me disais : Tout bon ouvrier aime son œuvre : il s'y attache, s'y complaît; il prend plaisir à la visiter, à la perfectionner, à la faire briller enfin de tout l'éclat dont elle est susceptible. Et plus cette œuvre est belle, intelligente, perfectible, plus son auteur se complaît en elle et cherche à l'améliorer encore. Dieu, créateur de l'homme, son magnifique ouvrage, l'aurait-il donc jeté sur cette terre, pour l'abandonner à lui-même, sans souci de sa destinée, sans daigner s'en préoccuper, le visiter, s'entretenir souvent avec lui? Oh! non, mille fois non. Des rapports fréquents, habituels, doivent exister entre le Créateur et sa créature, entre le monde invisible et le monde visible. Ainsi parlent déjà la raison et ce sens intime que nous portons en nous, et qui ne peut nous tromper, parce que Dieu, la vérité même, l'a gravé au plus profond de notre être.

La religion, l'histoire, l'expérience viennent, à leur tour, avec leur voix puissante, confirmer ce langage. Dans tous les temps, Dieu s'est plu à converser parmi nous; toujours il a pu dire : « Mes délices sont d'être avec les enfants des hommes. »

Quand l'idolâtrie et la corruption de la plupart des

nations l'eurent contraint en quelque sorte à rendre sa présence moins visible parmi elles, alors il se choisit un peuple au milieu duquel il se plaisait à manifester cette présence par des traits de bonté, de puissance, de justice, mais surtout de miséricorde. Que de fois ne le vit-on pas apparaître lui-même, ou par le ministère des anges, ses ambassadeurs, aux saints, aux patriarches, aux prophètes de l'ancienne loi ! L'histoire du *peuple de Dieu* n'est-elle pas remplie de ces célestes apparitions, où brillent en traits merveilleux la puissance, la grandeur, la justice du Roi du ciel, et son constant amour pour sa créature ?

S'il en était déjà ainsi sous la loi de crainte, que sera-ce donc sous la loi de grâce et d'amour? Ah! c'est ici surtout qu'éclate l'infinie miséricorde du Sauveur Jésus, notre Rédempteur. Non, Celui qui est descendu des hauteurs des cieux pour venir converser familièrement avec nous, afin de nous montrer par ses leçons, par ses exemples, la route du céleste bonheur, n'a point depuis lors laissé disparaître le sillon lumineux tracé sur la terre par ses pas divins. Partout on retrouve comme une ombre, comme un souvenir de sa sainte présence, indépendamment même de cette *réalité* merveilleuse qui se cache chaque jour sous les voiles eucharistiques. Oui, Dieu habite parmi nous : sa présence se révèle dans toutes ses œuvres. Que dis-je? ne s'est-il pas révélé parfois lui-même à nombre de saints qui ont mérité par la pureté de leurs désirs et de leur cœur, l'insigne honneur de *voir Dieu* ici-bas sous une forme corporelle, ou de le porter même entre leurs bras ? Heureux privilége de l'innoceucc qui participe ainsi quelquefois dès ici-bas à la vie des élus dans le ciel [1] !

Mais, de même que sous la loi ancienne, Dieu se servait le plus souvent du ministère des anges pour manifester ses volontés; sous la nouvelle loi, il emploie celui d'une créature plus parfaite encore, de la Reine des anges, de celle qui est élevée au-dessus de tous les célestes chœurs dans le séjour de la gloire. Oui, c'est Marie, la Mère de Dieu et notre Mère, qui est devenue la divine Messagère du Très-Haut. C'est elle qui, sous diverses formes, apparaît à de pieux et simples fidèles, ou parfois même, comme on l'a vu de nos jours, aux regards de pauvres victimes de l'erreur, qu'elle éclaire et transforme en un instant [2]. D'innombrables sanctuaires, érigés en l'honneur de la Reine des cieux dans le monde chrétien, n'ont pas d'autre origine que l'apparition de cette auguste Messagère. Elle vient à nous pour encourager notre faiblesse, nous tendre une main compatissante, et pour rappeler le cantique des anges trop oublié : « Gloire à Dieu dans les hauteurs des cieux, et paix sur la terre aux hommes de bonne volonté [3]. »

La céleste Vierge, lorsqu'elle apparaît ainsi sur la

[1] Voir la Vie de saint François d'Assise, de saint Antoine de Padoue, de saint Stanislas Kotska, de sainte Radegonde, de sainte Mecthilde.

[2] Voir, entre autres, *Conversion d'Alphonse de Ratisbonne*. Quant aux apparitions de la sainte Vierge aux âmes simples, fidèles, aux saints, en un mot, le nombre en est presque incalculable. Un pieux écrivain vient d'en rappeler les principales, et il en a rempli deux gros volumes. (Voir *Récit des apparitions de la sainte Vierge*, par l'abbé Sauceret.)

[3] Luc. I.

terre en qualité de messagère et d'ambassadrice, y vient toujours comme Mère de miséricorde. Rome vit jadis le vainqueur Coriolan, inexorable aux prières des magistrats, des pontifes, se laisser fléchir enfin par les prières de Véturie, sa mère, et épargner les murs de son ingrate patrie. Et les Romains reconnaissants élevèrent un temple à la *Fortune féminine*, en l'honneur de ce triomphe maternel. Oh ! que de temples élevés ainsi à l'auguste Mère de Dieu attestent également son triomphe ! Eh bien ! ce nouveau monument que je contemple là, sous mes yeux, viendra l'attester une fois de plus encore. Sous ces voûtes inachevées, je vois luire des rayons d'espérance ; à travers le silence de ces lieux, je crois entendre l'écho des montagnes répéter ce verset du Prophète-roi : « La miséricorde et la vérité se sont rencontrées ; la justice et la paix se sont embrassées [1]. »

[1] *Misericordia et veritas obviaverunt sibi : justitia et pax osculatæ sunt.* PS. LXXXIV.

VI

Justice et miséricorde.

La justice et la paix se sont embrassées.
PS. LXXXIV.

Justice et *miséricorde* ! Je voudrais voir ces deux mots entrelacés au fronton du nouveau temple érigé sur la montagne de la Salette, comme ils le sont dans le Cœur du Sauveur Jésus, notre bon Maître. Ces deux noms résument, ce me semble, tout le fait de cette dernière apparition de la Reine du ciel. On dit qu'il n'y a plus de miracles aujourd'hui. Etrange erreur !... Jamais on ne vit autant de prodiges que de nos jours. Loin d'y fermer volontairement les yeux, ne devrions-nous pas plutôt reconnaître la main du Tout-Puissant et nous écrier avec le grand prêtre Joad :

Et quel temps fut jamais si fertile en miracles?
Quand Dieu par plus d'effets montra-t-il son pouvoir?
J. RACINE.

Ne marchons-nous pas, depuis quelques années surtout, à travers une sorte de crépuscule divin, au milieu d'*un demi-jour éclatant*, comme disait naguère un grand orateur [1]? La chaîne d'or qui lie la terre au ciel ne semble-t-elle pas se raccourcir de plus en plus? et ne dirait-on pas que le monde invisible s'abaissant jusqu'à nous, a presque touché le seuil du terrestre séjour? Mais les préoccupations de la vie, les soucis, les soins, les intérêts matériels, absorbant nos pensées, détournent nos regards, ou plutôt les obscurcissent presque entièrement à l'endroit des merveilles que la Providence étale sous nos pas. Comme un pauvre aveugle qui chemine sans rien voir à travers les splendeurs d'une magnifique cité, nous marchons les yeux fermés à travers les merveilles de cette cité de Dieu qui s'abaisse jusqu'à nous pour nous révéler de plus en plus ses trésors de *justice* et de *miséricorde* [2].

L'homme, créature si faible, si bornée, ne peut assurément scruter et pressentir les secrètes pensées du Très-Haut. Il lui est permis cependant, autant que sa vue le comporte, de tirer quelques conjectures du

[1] Le P. Lacordaire.

[2] Il est vraiment étrange et déplorable de voir à quel point l'esprit rationaliste et craintif de notre siècle est parvenu à fausser chez nous la question des miracles. Beaucoup de chrétiens eux-mêmes en sont là : plutôt que d'admettre un *miracle*, ils admettraient volontiers les hypothèses les plus absurdes. Un homme d'esprit et religieux, à qui je parlais de l'apparition de la Salette, me disait naguère : « Après tout, il n'est pas tant difficile de simuler une apparition et de la faire croire à de pauvres enfants. Il y a des gens à idées si saugrenues !... Ne peut-on pas supposer, par exemple, un pari, une gageure excentrique !... C'est un essai singulier qui peut réussir à quelque cerveau, *à la rigueur ;* et il n'est même pas besoin pour cela d'être un *Bosco* ou un *Robert Houdin.* »

Je laisse au lecteur à répondre à de telles absurdités.

spectacle qui frappe ses regards. Or, en voyant ce qui se passe autour de nous, n'est-on pas tenté de croire qu'avant de replier le monde comme un livre, ainsi que parle l'Ecriture, Dieu veuille épuiser tous les trésors de sa charité et faire comme un suprême effort pour le ramener dans la voie du ciel et du bonheur, trop méconnue de la plupart des hommes? D'un côté leur ingratitude, la multiplicité de leurs crimes l'inclinent peut-être à abréger l'existence de ce monde coupable, afin d'abréger aussi le nombre des infortunés qui ne jouiront jamais de la claire vue de son adorable présence; mais de l'autre le désir de procurer à un plus grand nombre ce bonheur ineffable lui fait multiplier plus que jamais les prodiges de grâces et de miséricorde. De là sans doute tant d'avertissements sous diverses formes, tant de fléaux de sa justice qui éclatent de toutes parts, au milieu desquels brillent toujours sa miséricorde, comme au plus fort d'un orage vient briller parfois un rayon de soleil! C'est la main d'un père qui frappe et châtie pour guérir. « Les miséricordes du Seigneur, dit le Prophète-roi, sont au-dessus de toutes ses œuvres [1]. » Paroles d'ineffable consolation, qui, dans tous ces fléaux même où l'on reconnaît l'empreinte de la souveraine justice de Dieu, nous font découvrir aussi les traces d'une céleste miséricorde. Oui, le baiser des deux attributs divins se continue toujours : on peut dire toujours avec le Prophète royal : « La miséricorde et la vérité se sont rencontrées; la justice et la paix se sont tenues embrassées. »

1 *Miserationes Domini super omnia opera ejus.* Ps.

Mais de ces deux attributs divins, la Mère de Dieu n'a voulu se réserver, ce semble, que le plus doux, le plus cher à son cœur maternel. Oui, Marie est par-dessus tout la *Mère de miséricorde*. Il y a dans cette seule appellation tout un monde d'ineffables joies, de ravissantes espérances. C'est d'abord une *mère !* Quoi de plus délicieux aux regards, à la pensée, que la vue, le souvenir d'une mère ! L'enfant auprès de sa mère ne craint rien. Il se croit fort contre tous les dangers. Mais combien celles de la terre sont souvent faibles, impuissantes ! Que de fois toute l'énergie de leur amour ne peut détourner de la tête de leur enfant l'ombre même d'un péril !... Mais Marie peut seule, à bon droit, être la *Mère de miséricorde*, parce qu'elle est en même temps la *Mère de Dieu* et une *toute-puissance suppliante*, comme dit saint Bernard. *Mère de miséricorde*, elle nous aime d'une ineffable tendresse et compatit vivement à nos misères : *Mère de Dieu*, elle est toute-puissante sur le Cœur de son divin Fils. Ici encore c'est *la miséricorde et la vérité* éternelle qui *se sont rencontrées :* c'est *la justice et la paix* qui *se tiennent toujours embrassées.*

Voilà pourquoi le monde a vu tant de prodiges dus à la puissance de Marie et à sa tendresse pour les hommes. Oh ! non, ce n'est point d'aujourd'hui que Marie elle-même ou sa radieuse image est apparue sur les montagnes à de pauvres petits bergers ! Saintes collines ou vallées de Betharam, de Garaison, de Valfleuri, de Montserrat, de Laus, etc., etc., vous gardez encore la touchante mémoire de ces célestes apparitions de la Reine du Ciel ; et vos sanctuaires, si riches d'*ex-voto*, rappellent les bienfaits qu'y reçurent de nombreux pèlerins[1]. Le sanctuaire de la Salette vient ajouter son nom à vos noms bénis, vénérés des peuples. C'est une étoile de plus sur le ciel de l'espérance, qui vient désormais briller d'un vif éclat au milieu de la nuit, des doutes, des anxiétés des temps présents... Avertis par sa lumière, puissions-nous, comme jadis ces rois d'Orient, nous laisser conduire à sa clarté bienfaisante et venir à sa suite nous agenouiller aux pieds du Sauveur pour lui offrir comme eux le tribut de nos hommages et de notre amour !

[1] Voir l'histoire de ces pèlerinages et de beaucoup d'autres.

VII

Rayons d'espérance

Salut, arche d'alliance, trône de Salomon, bel arc-en-ciel...

FET OFF. IMM. CONC.

Telles sont les pensées qui s'offrent à mon esprit durant cette heure bénite où je contemple, le cœur ému, ce sommet des Alpes, sanctifié par la présence de l'auguste Mère de Dieu. Mais je viens de parler d'*espérance*... N'y en aura-t-il pas maintenant quelques rayons cachés dans les flancs de ces montagnes ? Quand le pèlerin en descendra, le front serein et la paix dans l'âme, ne lui sera-t-il pas permis de s'envelopper de ces rayons consolateurs et d'espérer beaucoup lorsque se retournant une dernière fois il s'écriera :

Salut, ô Reine, Mère de miséricorde, ma vie, ma douceur et mon espérance, salut !...

Ah ! oui sans doute, l'espoir est permis encore : l'espérance est fille de la miséricorde ; et quand la mère descend du ciel, sa fille est toujours fidèle compagne du voyage. Les pensées que je viens d'exprimer me semblent donc couronnées de lumineux rayons sur lesquels, avant de terminer, je voudrais m'arrêter un instant.

Et d'abord, qu'on me permette une simple réflexion. Beaucoup de gens, bien intentionnés d'ailleurs, ne croient point au fait de l'apparition de la Salette : pourquoi? Parce que, disent-ils, les malheurs annoncés par la Sainte Vierge ne sont point arrivés. Hé quoi! n'avons-nous donc pas été les témoins ou les tristes victimes de bien des fléaux depuis quelques années? N'avons-nous donc pas vu les pommes de terre et le blé *se gâter*, les raisins *se pourrir*, la famine se dresser menaçaute sur nos têtes, et les petits enfants, en plus grand nombre que d'ordinaire, expirer dans les convulsions entre les bras de leurs mères désolées? N'avons-nous pas vu un fléau meurtrier décimer presque toutes nos provinces, parcourir l'Europe et porter ses affreux ravages jusque dans les camps de nos braves soldats de l'armée d'Orient? Et cette guerre elle-même, d'où la Providence fera sans doute sortir les plus grands résultats, n'est-elle pas un autre fléau qui fait couler bien du sang et des larmes? Si tous ces malheurs, quelque terribles qu'ils soient, semblent à quelques-uns l'être moins cependant qu'on aurait pu le craindre, ne serait-ce point que les prières, les supplications, les bonnes œuvres des âmes fidèles ont déjà touché le cœur de Dieu et détourné quelque peu sa main prête à s'appesantir plus fortement sur nous?... Marie les a présentées à son divin Fils, ces prières, ces supplications. Notre-Dame de la Salette, reprenant sous ce nouveau nom son rôle séculaire, s'est ici encore montrée comme toujours la *Mère de miséricorde !*

A ce premier rayon d'espérance, combien d'autres maintenant viennent se joindre comme une couronne lumineuse qui éclaire et fortifie nos pas tremblants ! Ce sont ces prières suppliantes, ces vœux ardents, qui chaque jour s'élèvent vers le ciel, de cette cime auguste des Alpes, et qui, passant par le canal de Marie, y puisent une vertu toute-puissante! Ce sont les supplications quotidiennes des cinquante mille membres de cette Archiconfrérie de *Notre-Dame réconciliatrice de la Salette*, érigée par Pie IX, et enrichie par lui de nombreuses indulgences[1] ! C'est ce jubilé universel que le Saint-Père a commandé il y a peu d'années, et celui qu'il vient d'accorder encore, en vue de conjurer les orages! A quelle autre époque des annales de l'Eglise vit-on des *jubilés* plus rapprochés ? Nos aïeux s'estimaient heureux d'avoir assisté une seule fois dans leur vie à ces grandes assises de la prière universelle. Un *jubilé*, signifie *joie*, *espérance*, et que des torrents de grâces découlent sur le monde de ces sources extraordinaires! comment serait-on encore tenté de succomber à la tristesse et au profond abattement? Et puis, quel nouveau triomphe dans la capitale du monde chrétien en l'honneur de la *Vierge immaculée !*... Triomphe salué par toute la chrétienté comme un bel arc-en-ciel qui, après les temps d'orages, annonce des jours sereins.

D'autres rayons consolateurs doivent réjouir notre âme ; c'est le repos du jour du Seigneur mieux observé

[1] Brefs du 26 août et du 7 septembre 1852.

en France, grâce aux efforts, au zèle de pieuses associations établies au sein des grandes villes et presque partout. C'est l'impie coutume des blasphèmes, des jurements, qui s'en va disparaissant, elle aussi, peu à peu, de notre pays, où tant de traces de la bonté de Dieu nous excitent au contraire à bénir, à glorifier son nom ! *La profanation du dimanche, les blasphèmes !* ne sont-ce pas là les deux principales causes des malheurs survenus et des malheurs qui nous menacent encore? Si ces deux sources des fléaux publics disparaissaient enfin, comme on peut l'espérer, un avenir meilleur ne doit-il pas être l'objet certain de notre attente?

Enfin, parmi les divers rayons d'espérance dont semble s'illuminer l'avenir de notre chère patrie, ne comprendrons-nous pas ces admirables tableaux de dévouements chrétiens, qu'un grand nombre de ses enfants offre presque de toutes parts? Oh ! ici encore, ici surtout quelle source féconde en trésors d'espoir et de consolation! N'est-ce pas la France qui est par excellence la nation généreuse et dévouée, la nation civilisatrice et missionnaire? La charité la plus active, la plus ardente n'a-t-elle pas fixé son séjour dans son sein? et les fléaux meurtriers qui nous désolent ne la font-ils pas briller chaque jour encore d'un nouvel éclat? Mais ce n'est point dans son sein seulement que cette fille du ciel a établi son empire : aux quatre coins du monde, la charité, sur les ailes de nos prêtres, de nos missionnaires, de nos sœurs de Saint-Vincent de Paul, est venue planter sa tente et prodiguer ses merveilleux bienfaits. A l'heure qu'il est, n'est-ce pas la charité chrétienne et française qui, dans les hôpitaux de Constantinople ou sur les champs de bataille de la Crimée, entr'ouvre les portes du ciel à nos braves soldats mourant pour leur pays dans une nouvelle croisade? N'est-ce pas elle qui, sous la forme d'anges terrestres, bande les plaies de nos guerriers, cicatrice leurs blessures, les console en leur montrant du doigt la patrie céleste qui va remplacer pour eux la patrie absente?.... Quel spectacle touchant et sublime! Il ravit d'étonnement, d'admiration le protestantisme lui-même, et le force de s'incliner devant la foi catholique, en disant d'un air confus : *Nous n'avons rien de semblable chez nous.* Parole riche d'avenir et d'espérance pour la grande et belle nation qui ne peut avec tous ses trésors enfanter une seule fille de Saint-Vincent de Paul. Oh! non, mille fois non, ne désespérons point : la France a des vertus qui contrebalancent ses crimes. L'espérance, fille de la miséricorde, comme nous le disions tout à l'heure, est fille aussi de la charité et sa fidèle compagne. Une nation dont les enfants par leurs œuvres saintes font bénir partout le nom de Jésus-Christ et de sa sainte Mère pourrait-elle être longtemps infortunée?... Rassurons-nous, et prenons confiance. Après les jours d'épreuves viendront les jours sereins; le calme succédera à la tempête.

Telles sont les dernières pensées que j'emporte de ma trop courte station dans ces lieux bénis, sanctifiés par la présence de la *Mère de la divine grâce.* O Marie! si ces pensées viennent de vous, donnez-moi, donnez à vos enfants, à mon pays, de les voir bientôt se réaliser. Mais pourquoi douterions-nous de votre pouvoir, de votre tendresse? en faut-il d'autres preuves que votre apparition sur cette montagne? Oui, j'espère en vous, *Arche d'alliance*, *bel Arc-en-ciel;* aussi, lorsque, mon pèlerinage accompli, je vais m'éloigner de votre sanctuaire, j'aime à vous redire, une fois encore, avec vos fidèles enfants:

Salut, ô Reine, Mère de miséricorde, ma vie, ma douceur et mon espérance, salut!...

VIII

Départ.

Notre-Dame de la Salette,
priez pour nous...

C'était le dimanche 1er octobre, fête de Notre-Dame du Rosaire. Toutes les fêtes de Notre-Dame sont célébrées solennellement sur la montagne de la Salette. La veille au soir et dans la matinée de ce saint jour, j'avais vu arriver cinq à six cents nouveaux pèlerins. Dès avant l'aurore, des messes s'étaient continuellement succédé dans le vénérable sanctuaire ; la plupart des pèlerins avaient reçu dans leur cœur le Dieu de paix et de miséricorde, descendu dans ce temple isolé du monde et le plus voisin des cieux... Il était neuf heures ; les premiers sons de la cloche annonçaient un office solennel, à l'issue duquel une belle procession devait parcourir la montagne. Un missionnaire devait parler au peuple, au pied de l'oratoire *de l'Assomption.* Le soleil brillait de son plus vif éclat... Oh ! quelle journée encore de grâces et de bénédictions !... Hélas ! je dus en être privé ; un devoir impérieux me contraignait d'aller reprendre ce matin-là même à Corps la diligence de Grenoble. Je partis donc, non sans un vif regret... Cette fois je cheminais lentement à pied, comme un vrai pèlerin. Je voulais contempler à loisir les agrestes paysages semés sur ma route, m'en détourner parfois même, errer enfin quelque peu à l'aventure dans les sentiers tortueux de ces montagnes.

Mais seul, sans guide, comment ne pas s'égarer? La Providence me vint en aide, en me faisant rencontrer un brave homme, un bon cordonnier, qui, retournant justement à Corps, suivait le même chemin. Je le joins, je l'accoste et entre en conversation avec lui. On rencontre de braves gens partout : c'est une vérité que j'ai souvent expérimentée et dont on peut se convaincre de plus en plus quand on a un peu voyagé. Non, quoiqu'en disent certains esprits moroses et chagrins, le monde n'est point rempli uniquement de gens tout prêts à vous dévaliser. Je n'en veux pour preuve aujourd'hui que mon brave cordonnier : il répond très-honnêtement à toutes mes questions, me débarrasse de mon paletot, de mon litre d'eau de la Salette, me prête obligeamment son gros bâton ferré; bref, il me sert de guide officieux jusqu'à Corps, et m'explique chemin faisant tous les incidents de la route. Je ne m'arrêterai point à décrire ces objets; faisons une courte halte seulement dans l'église du village de la Salette, où nous entrâmes un instant. On y célébrait l'office du dimanche; le curé faisait son prône. J'ai parlé plus haut de cette voix puissante de la cloche du désert, qui ébranle les monts, les vallées, et amène à la fois tout un peuple fidèle aux pieds du Roi du Ciel. Ici je voyais la réalité, non plus le tableau. Oui, tout ce bon peuple d'une douzaine de hameaux jetés sur les flancs des montagnes, était là rassemblé autour d'un vénérable pasteur et recevait de sa bouche les conseils salutaires que lui seul a le pouvoir de lui donner. Je trouvai là un vrai type du curé des montagnes; sa vue m'inspira cette réflexion bien simple : ôtez cet homme seul, cette solitude va devenir bientôt comme un repaire sauvage d'hommes sans foi, sans mœurs, dont la vie s'écoulera triste, malheureuse, sans but, et dont la mort sera déplorable; avec cet homme, au contraire, tout s'embellit, redevient serein; la vie se colore de purs rayons de consolation et d'espérance, et la mort elle-même n'est que le passage vers un monde meilleur. Un curé dans les montagnes!... n'est-ce donc pas là, plus encore qu'ailleurs peut-être, comme un bienfaisant soleil qui ranime et vivifie tous les objets soumis à sa bénigne influence!...

Je me plaisais à faire parler mon honnête guide, dont le bon sens, qualité souvent bien supérieure à l'esprit, m'étonnait, me ravissait de plus en plus. Je lui demandai : « Travaillez-vous quelquefois le dimanche? — Oh! non, monsieur, jamais, répondit-il, à Corps nous ne travaillons pas le dimanche : après tout, *il faut bien que le corps se repose et que l'âme ait son tour...* » Ce simple argument me parut sans réplique et vraiment excellent. *Il faut que l'âme ait son tour* : qu'est-ce à dire? Que l'homme ayant une âme aussi bien qu'un corps, celle-ci ne doit pas être oubliée, abandonnée, mais qu'elle doit *à son tour* travailler à s'améliorer, à se perfectionner, afin d'arriver à sa bienheureuse et immortelle fin. Or le *repos* corporel du dimanche a-t-il un autre but que le *travail* d'amélioration de l'âme ? Oui, il faut que dans ce jour l'âme *travaille* à mériter, à gagner le ciel. Une semaine pour gagner notre pain de la terre, un jour sur sept pour conquérir le trésor, le bonheur infini du ciel! est-ce donc trop demander?... Nous approchions de Corps; je pressai la main calleuse de mon brave cordonnier : Oui, mon ami, lui dis-je, vous avez bien raison, *il faut que l'âme ait son tour;* il faut soigner, sanctifier cette ame que tant de gens oublient. Et puis, voyez-vous, quand elle aura bien *travaillé* ici-bas, elle *aura son tour* aussi de *repos*, de bonheur et de gloire dans la céleste patrie qui l'attend... Adieu. » Je quittai ce brave homme, et je ne l'ai plus revu.

A Corps et sur toute la route jusqu'à Grenoble, les habitants étaient ce jour-là sur la place ou devant leurs portes. On se promenait, on se devisait gaîment, on jouait aux boules : *l'âme avait eu son tour ; le corps* se reposait. Je remarquai avec plaisir que les travaux étaient suspendus dans tous les villages. Je dois le dire aussi : placé sur l'impériale de la diligence à côté de soldats et derrière le postillon, je n'entendis jamais de jurements ni de blasphèmes. Dieu soit loué! pensais-je alors. Enfin, dans ces contrées voisines de la montagne de la Salette, on a compris du moins les paroles de la Mère de Dieu, et l'on sait respecter les oracles de son divin Fils!...

Plusieurs soldats convalescents, des chasseurs d'Afrique, si je ne me trompe, qui, revenant de Constantinople, allaient rejoindre leur dépôt à Grenoble, étaient mes compagnons de route. Deux d'entre eux, au teint pâle, livide, étaient assis à mes côtés. Je leur demandai : « Vous avez donc bien souffert là-bas ? C'est donc vrai qu'il meurt beaucoup de monde ? — Oh ! oui, monsieur, me répondit l'un d'eux, il meurt beaucoup de soldats dans les hôpitaux et les ambulances; mais il en mourrait encore bien davantage sans *ces bonnes sœurs qui nous pansent et nous soignent si bien*. J'ai passé deux mois à l'hôpital, et grâce à elles, allez, je n'ai manqué de rien. » Je fus heureux de recueillir ces paroles de la bouche de ce pauvre troupier, qui devait peut-être à une fille de Saint-Vincent de Paul le bonheur de revoir encore une fois son pays, sa famille. O sainte Charité ! partout on retrouve donc tes souvenirs et l'empreinte de tes pas !... Voici même qu'au terme de mon pèlerinage tu m'apparais encore dans un dernier et sublime tableau....

J'avais traversé de nouveau Grenoble vers le soir; puis la diligence de Valence m'avait amené le lendemain au point du jour dans cette ville, fière désormais de sa nouvelle voie ferrée qui la relie aujourd'hui avec Avignon et Marseille. J'attendais dans la gare le moment de partir pour ces rives natales du midi, ces rives aimées où j'allais revoir la meilleure des mères... Beaucoup d'autres voyageurs étaient là réunis, empressés de prendre leur billet de départ. Tout à coup on voit arriver une sorte de bataillon carré, tout revêtu de noir, qui fend timidement la foule, et devant lequel tout se retire avec respect.... C'était seize religieuses de l'ordre des Trinitaires. On nous dit qu'elles allaient s'embarquer au port de Marseille pour l'Orient. Je croirais plutôt qu'elles partaient pour l'Algérie où cet ordre accomplit depuis longtemps des merveilles. Mais qu'importe; sur quelque plage qu'elles dirigent leurs pas, ces dignes messagères de la charité feront partout bénir le nom français et cette religion sainte qui leur inspire un dévouement dont elle seule donne l'exemple. La gare de Valence était fort animée ; on parlait vivement de quelque nouvel incident de la guerre de Crimée. Mais ces pieuses filles ne se préoccupaient que de la pensée de leur sacrifice. Le front serein, l'âme remplie d'une sainte joie qui perçait à travers leur modestie, elles semblaient partir pour une fête!... Et cependant plus d'une d'elles, sans doute, ne reverra jamais son clocher natal, sa mère, sa famille! Un petit incident surgit à l'occasion de leur départ. Le pieux bataillon ne voulait point se désunir ; il voulait rester inséparable et se tenir tout entier dans un même wagon. Comment faire, pourtant ? les wagons sur cette ligne ne sont que de quinze places, et le pieux bataillon ne comprend pas moins de seize personnes. J'ignore comment s'est résolu le problème ; je présume que les saintes filles, en pressant leurs rangs, auront eu gain de cause. Quoi qu'il en soit, un renfort vint bientôt les rejoindre. A Montélimart, elles prirent quatre nouvelles compagnes. Bon gré mal gré il fallut bien cette fois ouvrir un autre wagon pour cette nouvelle escouade, complément d'une petite armée de jeunes héroïnes qui partaient joyeuses sous les saints drapeaux du dévouement et de la charité!

Or c'était le 2 octobre, fête des saints Anges gardiens. Quel jour mieux choisi pour commencer un lointain voyage! Ces pieuses trinitaires partaient donc sans crainte sous la conduite de leur ange gardien, ne paraissant pas se douter qu'elles allaient elles-mêmes apparaître comme des *anges* sur des bords infidèles, pour y sauvegarder les intérêts de la civilisation et de la véritable foi... Pour moi, j'admirais, le cœur profondément ému, le dévouement de ces filles trinitaires, dont le nom rappelle saint Jean de Matha, l'illustre provençal, qui dota la France et l'Eglise d'un institut sublime.... Cette pensée, s'attachant à mes pas tout le reste de la route, en charma la longueur et l'ennui. C'était un gracieux couronnement de mon pèlerinage; c'était encore un de ces rayons d'espérance dont je viens de parler, qui, après les temps d'épreuves, présagent à la France des jours de paix et de miséricorde. Puissent les vœux d'un obscur pèlerin, joints à ceux de ses compagnons, hâter pour notre pays le retour de cette ère de félicité!...

Notre-Dame de la Salette, priez pour nous.

APPENDICE

Avant de clore ces pages, ajoutons quelques mots sur la *fontaine de la Salette.* On a prétendu que la vente de cette eau était un objet de commerce pour les missionnaires du nouveau sanctuaire. C'est là une erreur qu'ils ont fait démentir eux-mêmes par les feuilles publiques. Tout pèlerin, ainsi que j'en ai été le témoin, puise à volonté dans cette fontaine sans aucune espèce de rétribution. Seulement plusieurs d'entre eux emportent chaque jour une certaine quantité de cette eau bienfaisante, qu'ils vendent ensuite à leur profit, à Corps ou ailleurs, à toute personne qui en désire, sans prendre la peine d'aller la quérir elle-même au sommet de la montagne. Plusieurs familles pauvres du pays trouvent en cela un moyen de subsistance.

On n'a point assez remarqué peut-être cette touchante bonté du divin Créateur, qui partout et toujours, a comme assigné à l'eau, cet élément si simple, si commun, si répandu dans la nature, un rôle de bienfaisance et de salut. L'antiquité avait déjà elle-même ses *eaux lustrales*, *purificatrices*, fort en usage dans les ablutions, dans les sacrifices... Mais, sous la loi chrétienne, depuis que quelques gouttes d'eau versées sur le front d'un enfant, le lavant de sa tache originelle et le rendant pur comme les anges, lui donnent droit à l'héritage du ciel, ne semble-t-il pas que ce rôle soit singulièrement agrandi? *l'eau bénite* opère des merveilles dans le culte chrétien; l'eau, mêlée au vin de l'auguste sacrifice, se transforme, par la prière du prêtre, au sang adorable du Sauveur? Mais en dehors même de ces prodiges de notre foi, ne dirait-on pas qu'il y a dans l'eau en général comme une vertu secrète, bienfaisante, et que la bonté de Dieu ou de sa sainte Mère sait en faire jaillir des trésors de grâces et de miséricorde? Comme jadis à cette piscine de Jérusalem qui guérissait les malades, ou à cette source de Siloé qui rendait la vue aux aveugles-nés, Dieu se plaît encore à communiquer un pouvoir merveilleux de guérison à de simples fontaines, placées le plus souvent dans le voisinage des sanctuaires de Marie, comme le signe et le canal de ses grâces... Que d'exemples de ces guérisons miraculeuses ne présente pas l'histoire de chacun de ces sanctuaires!

Il m'eût été facile de grossir ce petit volume de quelques récits de ce genre, empruntés à l'histoire de Notre-Dame de la Salette. D'autres l'ayant fait avant moi, j'ai cru pouvoir m'en dispenser. Qu'on me permette cependant de citer, en terminant, un trait dont je viens d'être le témoin. Je le rapporte en toute simplicité; aussi bien le silence me semblerait ici coupable; la reconnaissance me fait un devoir de publier ce trait touchant à la louange de Celle qui fut toujours la Mère de miséricorde.

Me promenent naguère seul aux alentours de la petite ville d'où je viens d'écrire ces pages, je me sens entraîné, je ne sais pourquoi, vers la demeure d'un jardinier de ma connaissance. C'est un bon et laborieux jeune homme, vivant avec sa jeune femme, deux enfants, et son beau-père, vénérable vieillard. J'entre dans le jardin, et j'aperçois d'abord ce dernier, qui s'approchant, la douleur sur le front, me dit : «Ah ! monsieur, nous sommes bien malheureux ! ma pauvre fille est bien malade. Depuis deux jours elle n'a plus de connaissance. Le médecin qui sort d'ici dit que c'est fini ; ah ! ma pauvre fille ne passera pas la journée ! Quel malheur, ô mon Dieu ! » Et ce bon vieillard versait des larmes. Un peu plus loin, je rencontre le mari, qui, la figure désolée, me tient à peu près le même langage. La douleur de ces braves gens m'émeut de compassion ; je cherche à les consoler. Je vais aussitôt quérir un prêtre, qui s'empresse d'apporter l'extrême-onction à cette pauvre femme... Quelques heures après, envoyant savoir de ses nouvelles, je lui fais porter un flacon d'eau de la Salette avec une petite médaille de l'apparition. On revient, et l'on me dit : « Hélas! la pauvre femme est bien malade, elle n'a pas pour longtemps à vivre. »

Le lendemain, je m'achemine moi-même vers cette maison de douleur. J'aperçois le bon vieillard, assis sur les marches de l'escalier, lisant un livre de prières; il se lève, le front rayonnant : « Oh! monsieur, me dit-il, ma fille va beaucoup mieux ; nous avons de l'espoir aujourd'hui. » Entrant dans la chambre de la malade, je la trouve en effet dans un tout autre état que la veille. Elle me reconnaît parfaitement et me remercie. Une sœur qui la soigne me dit : « Monsieur, *du moment qu'elle a bu de votre eau et qu'elle a porté la médaille*, elle s'est sentie beaucoup mieux. » J'engage la malade à continuer de prier, et je sors plein d'espérance.

Deux jours après, je retourne chez mon jardinier, la malade était beaucoup mieux encore. Elle me dit dans son patois : « *Mé semblé ben qué voou miei :*

save-pas cé qué lou boun Dieu...[1] » Et cette pieuse femme, toute joyeuse, récite aussitôt à haute voix le *Souvenez-vous*, boit quelques gouttes d'eau de la Salette et baise sa petite médaille; tout cela avec une foi, une confiance, une effusion dont je suis encore, au moment où j'écris ces lignes, tout attendri. Aujourd'hui enfin, cette pauvre jardinière est tout à fait rétablie, et son père, son mari, tous les membres de sa famille regardent sa guérison comme une marque signalée de la protection de la sainte Vierge.

O Marie! si, comme j'aime aussi à le croire, cette guérison est encore votre ouvrage, soyez bénie, ô vous qui avez bien voulu rendre ainsi une fille à son vieux père, une épouse à son jeune époux, et une mère à de pauvres enfants menacés de devenir orphelins! Encore une fois, soyez bénie pour tous vos bienfaits, ô MÈRE DE MISÉRICORDE! et daignez bénir à votre tour le plus indigne de vos pèlerins!

[1] Il me semble bien que je vais mieux. Je ne sais pas ce que le bon Dieu... (a fait ou fera, — voulait-elle dire sans doute...)

FIN.

NOTE POUR LA PAGE 37. — Le 9e anniversaire de l'apparition, 19 septembre 1855, a été célébré avec la plus grande solennité. Pour la première fois, le pèlerinage a été présidé par Mgr l'évêque de Grenoble. Un riche diadème qui avait figuré à l'Exposition universelle de Paris fut porté sur la montagne. « Aujourd'hui, mes frères, a dit le prélat, nous venons déposer aux pieds de Marie ce magnifique diadème, au nom d'une famille pieuse et reconnaissante d'une faveur extraordinaire obtenue l'année dernière dans ce lieu même. Mais, mes frères, nous ne venons pas couronner nous-même la sainte Vierge ; nous venons simplement lui offrir ce diadème et le déposer à ses pieds, parce que nous avons la confiance que, dans un temps peu éloigné, un délégué du Saint-Siége sera envoyé pour la couronner au nom de Sa Sainteté. »

Cent seize messes furent célébrées sur la sainte montagne depuis minuit jusqu'à une heure après midi ; il y eut un très-grand nombre de communions, et on évalue à environ dix mille le nombre des pèlerins qui vinrent invoquer Marie en ce beau jour.

(Note de l'éditeur.)

TABLE

— LILLE, TYP. L. LEFORT, MDCCCLXIV. —

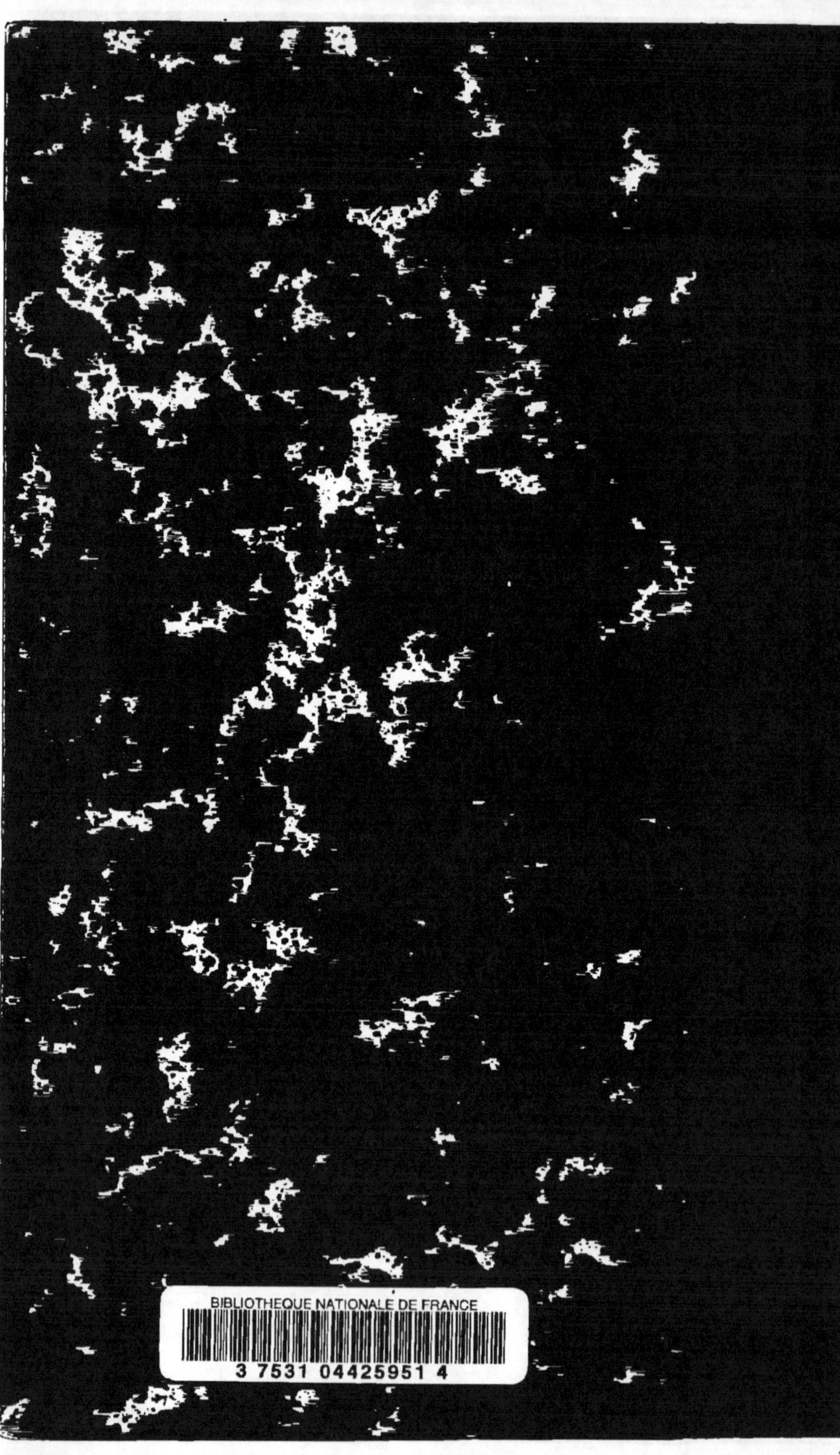

www.ingramcontent.com/pod-product-compliance
Lightning Source LLC
LaVergne TN
LVHW020447230826
846091LV00004B/1584

9782011927330